BEI GRIN MACHT SICH IHR WISSEN BEZAHLT

AF151499

- Wir veröffentlichen Ihre Hausarbeit, Bachelor- und Masterarbeit

- Ihr eigenes eBook und Buch - weltweit in allen wichtigen Shops

- Verdienen Sie an jedem Verkauf

Jetzt bei www.GRIN.com hochladen
und kostenlos publizieren

Bibliografische Information der Deutschen Nationalbibliothek:

Die Deutsche Bibliothek verzeichnet diese Publikation in der Deutschen National-
bibliografie; detaillierte bibliografische Daten sind im Internet über http://dnb.d-
nb.de/ abrufbar.

Impressum:

Copyright © 2015 GRIN Verlag, Open Publishing GmbH
Druck und Bindung: Books on Demand GmbH, Norderstedt Germany
ISBN: 978-3-668-03814-1

Dieses Buch bei GRIN:

http://www.grin.com/de/e-book/302968/wie-erreiche-ich-einen-hohen-anteil-an-
lernzeit-unterrichtsbeispiele-mit

Arlind Oseku

Wie erreiche ich einen hohen Anteil an Lernzeit? Unterrichtsbeispiele mit hohem Anteil an echter Lernzeit

GRIN Verlag

Universität Siegen

Fakultät 2: Bildung · Architektur · Künste

<u>Praktikumsbericht zum Unterrichtspraktikum</u>

am Gymnasium Xxxxx vom 23.02.2015 - 20.03.2015

Name des Verfassers: **Arlind Oseku**

Studienrichtung: **Lehramt Gymnasium**

(Englisch, Philosophie)

Inhaltsverzeichnis

1. Das Gymnasium Xxxxx

Das Gymnasium Xxxxx wurde 1998 gegründet und war die vierte weiterführende Schule nach der Realschule, der Hauptschule und der Förderschule in der Gemeinde Xxxxx. 90 Schülerinnen und Schüler (SuS) hatten zunächst Räumlichkeiten im Schulzentrum (Realschule und Hauptschule) zur Verfügung gestellt bekommen. Im Jahr 2000 zog die Schule in das Gebäude der ehemaligen Grundschule ein. In den folgenden Jahren wurden die Räumlichkeiten renoviert und z.T. ausgebaut. Heute umfasst die Schule vier Trakte, eine Sporthalle mit Veranstaltungs- und Musikraum, sowie eine Cafeteria. 66 Lehrer und Lehrerinnen unterrichten 740 SuS, davon werden 107 SuS voraussichtlich 2015 ihr G8-Abitur machen. Wenngleich das Gymnasium keinen Schwerpunkt in den Naturwissenschaften oder anderen Bereichen bildet, ist das Angebot sehr vielseitig. Neben diversen Sprachzertifikaten gibt es AGs in Musik, Sport und Theater, sowie viele Teilnahmemöglichkeiten an Schülerwettbewerben in den Bereichen Mathematik und Naturwissenschaften.

Ich habe das Gymnasium Xxxxx für mein Unterrichtspraktikum gewählt, da ich zum ersten Abiturjahrgang 2007 gehöre und die Entwicklung der Schule seither nicht mitverfolgt habe. Die Rückkehr nach acht Jahren hat mir den Perspektivwechsel von der Schülerrolle zur Lehrerrolle ermöglicht. Dabei konnte ich die hervorragende Entwicklung der Schule feststellen und einige positive Veränderungen wahrnehmen. Die Schule ist mit Medienwagen, drei Computerräumen und Beamern mit DVD- Playern im gesamten Oberstufentrakt , sehr modern ausgestattet und bietet den SuS viele Möglichkeiten ihr Schulleben aktiv mitzugestalten. Der Einstieg in den Schulalltag wurde mir durch einige bekannte Gesichter erleichtert. Meine ehemaligen Lehrer erwiesen sich als sehr hilfsbereite und kompetente Ratgeber. Die ausbildungsbeauftragte Lehrerin hat mir einen Stundenplan mit den Fächern Englisch und Philosophie zusammengestellt, der 20 Wochenstunden umfasste. Bereits in der ersten Woche habe ich diesen Stundenplan um sieben weitere Stunden erweitert, nachdem ich weitere Lehrerkollegen um Erlaubnis gebeten habe, ihren Unterricht zu besuchen. Ganz neu waren hier für mich die Erfahrungen im Unterrichtsfach Praktische Philosophie, das ich bis zu diesem Zeitpunkt noch nicht im Unterricht erlebt hatte. Insgesamt habe ich drei Englischlehrer und drei Philosophielehrer begleitet und dabei die Stufen 7 - 12 besucht und z.T. unterrichtet. Außerdem wurde ich darum gebeten, bei einem Elterngespräch zu vermitteln. Eine türkischstämmige Schülerin der 5. Klasse besucht das Gymnasium mit einer Hauptschulempfehlung und ein erstes Gespräch mit den Eltern blieb erfolglos, auch aufgrund von Problemen in der Sprachverständigung. Somit konnte ich einen ersten Eindruck vom Ablauf eines Elterngesprächs erhalten und mit meinen Türkischkenntnissen wesentlich zum Erfolg des Gesprächs beitragen. Im Anschluss an das Gespräch habe ich ein sehr positives Feedback seitens der Lehrerschaft und der Schulleitung bekommen und wurde darauf aufmerksam gemacht, wie wichtig und hilfreich weitere Qualifikationen und Zertifikate für die Bewerbung auf eine Lehrerstelle sein können.

2. Echte Lernzeit

Im Laufe meiner ersten Woche konnte ich etwas Auffälliges bei allen Unterrichtsbesuchen feststellen: der hohe Anteil an organisatorischen Aufgaben. Jeder Lehrer sieht sich zu Beginn des Unterrichts mit diversen Problemen konfrontiert, die den Beginn verzögern können: durch die Anwesenheitskontrolle, die Entgegennahme und Überprüfung von Entschuldigungen, Ausflüge organisieren, Klärung von Problemen der SuS oder Hausaufgabenkontrolle. Außerdem haben oftmals SuS in den letzten fünf Minuten des Unterrichts bereits begonnen, ihre Schulsachen einzupacken, damit sie mit dem Pausengong pünktlich den Raum verlassen konnten. Nicht der Lehrer oder der Gong beendete hier den Unterricht, sondern die SuS. Die Frage, die sich aus diesen Beobachtungen ergibt, lautet: wie viel echte Lernzeit bleibt im Unterricht übrig und wie erreiche ich einen hohen Anteil an echter Lernzeit? Im Folgenden möchte ich zunächst den Begriff der „echten Lernzeit" genauer definieren. Dabei werde ich beschreiben, wie man viel Lernzeit erreicht und was alles Einfluss auf die Lernzeit haben kann. Zur Veranschaulichung werde ich einige Beispiele aus meinen Unterrichtsbesuchen nennen.

ach Hilbert Meyer hat „Lernzeit" einen entscheidenden Einfluss auf den Lernerfolg. Das gilt sowohl quantitativ als auch qualitativ. Dabei muss man unterscheiden zwischen im Unterricht verbrachter Zeit und „echter Lernzeit". Mit Ausnahmen gilt sicher, wer länger zur Schule geht, lernt auch mehr. Aber viel interessanter ist für meine Forschungsfrage die Aussage, wer intensiver arbeitet, lernt mehr. Als zukünftiger Lehrer ist es eine Herausforderung, den SuS viel Zeit zu gewähren, die sie aktiv nutzen können. Während meines Praktikums habe ich Störfaktoren beobachten können, die nicht zur echten Lernzeit gehören und von Meyer ebenfalls benannt wurden.

Das sind u.a.

organisatorische Aufgaben wie das Einsammeln von Kopiergeldern, Disziplinierungs-maßnahmen, Zeitverbrauch durch mangelhafte Vorbereitung des Lehrers oder der Schüler, Abschweifungen des Lehrers oder der Schüler, Zeitaufwand für Tests und Leistungskontrollen, usw.[1]

Definitionen von echter Lernzeit zielen oftmals auf die von SuS tatsächlich aufgewendete Zeit, um das angestrebten Ziele zu erreichen. Dabei können auch lehreraktive Unterrichtsphasen von SuS aktiv genutzt werden und somit echte Lernzeit bedeuten. Hilbert Meyer zählt einige Indikatoren für echte Lernzeit auf, wie z.b. *aktive Lernphasen und erholsame Pausen, wenige Disziplinstörungen, keine Langeweile, usw.* Außerdem nennt er Maßnahmen, mit denen der Anteil an echter Lernzeit erhöht werden kann, u.a. *durch Pünktlichkeit, durch Auslagerung von Organisationskram oder durch Konzentrationsübungen* (vgl. Meyer: Was ist guter Unterricht? S.40).

Vereinzelt konnte ich diese Indikatoren und Maßnahmen auch bei meinen Unterrichtsbesuchen erkennen. Während ein Englischlehrer meistens erst das Lehrerzimmer verließ, nachdem es bereits zum zweiten Mal geklingelt hatte, konnte somit der Unterricht nur verspätet beginnen. Im Gegensatz dazu ist einer der Philosophielehrer i.d.R. bereits vor dem ersten Gong in den Klassenraum geeilt, sodass er die Gelegenheit hatte, ein Tafelbild oder den Klassenraum vorzubereiten. Lehrer, die ihre Klasse sehr gut kennen, haben die Anwesenheit der SuS während der Einzelarbeitsphasen kontrolliert und ggfs. bei einzelnen SuS nachgefragt. Ein weiterer Lehrer hat den „Organisationskram" immer in die 5- Minuten Pause zwischen seinen Doppelstunden ausgelagert. Die Englischlehrerin einer 8. Klasse hat gerne Übungen zur Schüleraktivierung initiiert, bei denen z.B. alle SuS aufstehen mussten, um ein Vokabelspiel zu spielen.

Im Hauptteil dieses Praktikumsberichts möchte ich mich mit den positiven Beispielen beschäftigen und zeigen, mit welchen konkreten Maßnahmen Lehrer den Anteil an Lernzeit erhöhen. Dafür werde ich Unterrichtsbesuche darstellen, bei denen ich der Meinung bin, dass es der Lehrperson besonders gut gelungen ist, Störfaktoren zu beseitigen, SuS ihre Lernzeit aktiv nutzen zu lassen und dadurch eine hohe Qualität der Lehre zu erreichen.

---

[1] Meyer, Hilbert (2004): Was ist guter Unterricht? Mit didaktischer Landkarte- Berlin: Cornelsen Scriptor, S. 39.

3. „Wie erreiche ich einen hohen Anteil an Lernzeit?"
Unterrichtsbeispiele mit hohem Anteil an echter Lernzeit

1. Organisationskram auslagern

Englisch, 11. Stufe- Leistungskurs, 5.- 6. Stunde, 20 SuS

Die Lehrerin beginnt den Unterricht pünktlich mit der Frage, wer die Hausaufgaben vorlesen möchte. Sie notiert einige Freiwillige an der Tafel. Nach jeder vorgetragenen Hausaufgabe fragt die Lehrerin zunächst die Mitschüler nach einem Feedback, gibt dann die Kriterien für die Erarbeitung der Hausaufgabe und somit die Kriterien für die Bewertung an, um schließlich selber ihr Feedback zu geben. Während die einzelnen SuS vorlesen, notiert die Lehrerin wichtige Aspekte, die genannt werden, an der Tafel und stellt Rückfragen dazu. Das Tafelbild dient zur Ergebnissicherung der Hausaufgabe und wird von allen SuS abgeschrieben. Während der letzte Text vorgelesen wird, notiert sich die Lehrerin die mündliche Mitarbeit der SuS, die vorgetragen oder ein konstruktives Feedback gegeben haben. Nachdem alle Meldungen zu Wort gekommen sind, legt die Lehrperson eine Folie auf den Overhead- Projektor (OHP), auf der der Evaluationsbogen für die Klausur, aus der der Hausaufgabentext entnommen war, zu sehen ist. Nun sollen die SuS die eigenen Texte mit den gezeigten Kriterien vergleichen und bewerten. Da der Bogen in deutscher Sprache verfasst ist, findet die Besprechung im Unterrichtsgespräch ebenfalls auf deutsch statt. Alle SuS sind sehr aufmerksam, da die Lehrerin Hinweise für die Bearbeitung der Abitur- Klausuren gibt und Einblick in deren Korrektur gewährt. Erneut fasst die Lehrerin wichtige Aspekte zusammen und schreibt sie an die Tafel. Die Bearbeitung der letzten Klausuraufgabe findet im Unterrichtsgespräch statt und die Ergebnisse werden von der Lehrerin an der Tafel festgehalten. Nur selten nimmt die Lehrerin auch SuS dran, die sich nicht melden, da die Beteiligung insgesamt sehr gut ist. Es klingelt zur 5- Minuten Pause und die Lehrerin nimmt sich Zeit, die Anwesenheit zu kontrollieren und Entschuldigungsbögen entgegenzuzeichnen. Außerdem beantwortet sie Schülerfragen bzgl. des Unterrichts und Stufenangelegenheiten. Somit verliert sie keine Unterrichtszeit mit der Bewältigung von Organisationsaufgaben. Nachdem es zur nächsten Unterrichtsstunde geklingelt hat, setzt die Lehrerin pünktlich fort, indem sie den Kurs in 3er- Gruppen aufteilt und ihnen Aufgaben von einer Folie auf dem OHP zuweist. Die Lehrerin appelliert an die sorgfältige Bearbeitung der Aufgaben, da sie als Musterlösung für den gesamten Kurs dienen und sichert so eine gute Arbeitsatmosphäre. Während der Gruppenarbeit bewegt sich die Lehrperson im Klassenraum und hilft bei Fragen. Es dient ebenfalls als Kontrollfunktion, ob die Aufgaben gewissenhaft bearbeitet werden. Die Lehrerin gibt keine Zeitbegrenzung vor und entscheidet nach ca. 10 Minuten, dass die Gruppenarbeit beendet ist, da sie den Gruppen anmerkt, dass sie fertig sind. Das würde bei einer Unterrichtsbeurteilung vermutlich kritisiert werden, da ein Zeitlimit - wenngleich differenzierend - verbindlich vorgegeben werden sollte. Ich denke, dass man das der Effizienz anrechnen kann. Die Gruppen tragen ihre Ergebnisse vor und die Lehrerin gibt jeweils ein kurzes Feedback. Hier findet keine schriftliche Ergebnissicherung statt. Während die Gruppen ihre Ergebnisse präsentieren, notiert sich die Lehrerin wiederholt die mündliche Mitarbeit, indem sie in einer Kursliste +, - oder *o* einträgt. Zum Ende der Stunde verteilt sie ein Arbeitsblatt und gibt die Aufgabe zu der Partnerarbeit mündlich. Die Hausaufgabe für die nächste Stunde schreibt sie an die Tafel und unterbricht die Partnerarbeit, um sie kurz zu erläutern. Danach beendet die Lehrerin pünktlich den Unterricht.

Meiner Meinung nach ist diese Doppelstunde ein gelungenes Beispiel für einen hohen Anteil an echter Lernzeit, da die Lehrerin den „Organisationskram" in die 5- Minuten Pause verlagert hat und auch weitere Indikatoren zutreffen: Die Mehrzahl der SuS ist aktiv bei der Sache; es herrscht keine Langeweile; es entstehen inhaltlich reiche Arbeitsergebnisse; es gibt nur wenige Disziplinstörungen; die Lehrerin schweift nicht ab; Lehrerin sowie SuS sind pünktlich in der Klasse; alle Beteiligten sind gut vorbereitet und der Unterrichtsverlauf ist insgesamt gut strukturiert.

2. Schüleraktivierung
Englisch, 8. Klasse, 1.- 2. Stunde, 26 SuS

Die gemeinsame Begrüßung findet auf Englisch statt, die SuS stehen dabei an ihren Plätzen. Die Lehrerin gibt einen kurzen Input und erinnert an vergangene Stunde. Damit alle SuS, auch die, die letzte Stunde gefehlt haben, die Möglichkeit haben, dem Unterricht zu folgen, bekommen sie einen kurzen Leseauftrag zu einem bereits besprochenen Text aus dem Englisch Schulbuch. Während die SuS lesen, verteilt sie Arbeitsblätter mit zwei Gruppen, A und B. Die SuS sollen sich in Partnerarbeit gegenseitig Vokabeln erklären. Bei diesem „Word Puzzle" sind alle SuS aktiv und nutzen die Gelegenheit, auf Englisch miteinander zu reden. Die Lehrerin berichtet im Nachhinein, dass sie mit dieser Methode gute Erfahrungen gemacht hat und sie sie gerne zur Schüleraktivierung am Anfang des Unterrichts nutzt. Für SuS, die Partner- oder Gruppenarbeiten schneller beenden, hat die Lehrerin Comics und Witzehefte auf Englisch dabei. Dann beschäftigen sie sich mit der Fremdsprache und stören nicht ihre Mitschüler. Eine Überprüfung des Word Puzzle findet nicht statt, stattdessen wird im Buch mit einem neuen Text fortgefahren. Im Unterrichtsgespräch wird das dazugehörige Bild beschrieben. Die Lehrerin stellt Fragen zum Bild und gibt Vokabelhilfen. Dann wird eine Aufgabe aus dem Buch in Einzelarbeit bearbeitet und die dazugehörige Besprechung findet wieder im Unterrichtsgespräch statt. Als es zur 5 Minuten Pause klingelt, verteilt die Lehrerin Vokabeltests aus der letzten Stunde und kontrolliert dabei die Anwesenheit. Die Lehrerin berichtet, dass die kurze Pause für die Rückgabe von Tests gut geeignet ist, da die SuS danach sehr aufgebracht sind und viel Redebedarf mit ihren Mitschülern haben. Des Weiteren kann sie dann noch Rückfragen beantworten, für die nach dem Unterricht keine Zeit mehr bleiben würde. Als die nächste Unterrichtsstunde beginnt, legt die Lehrerin eine Folie auf den OHP mit einer Tabelle, in der die SuS Textstellen für die Charakterbeschreibung aus der zuvor gelesenen Geschichte finden sollen. Es wird zunächst in Einzel- oder Partnerarbeit gearbeitet und anschließend die Ergebnisse im Unterrichtsgespräch auf der Folie gesammelt. Da eine Mathearbeit diese Woche geschrieben wird, erlässt die Lehrerin den SuS die Hausaufgaben.

Meiner Meinung nach ist auch diese Doppelstunde ein gelungenes Beispiel für einen hohen Anteil an echter Lernzeit, da die Lehrerin mit der Klasse gute Arbeitsergebnisse erzielt und die SuS aktiv bei der Sache sind. Sie lassen sich nicht durch Kleinigkeiten ablenken, durch viele Arbeitsaufträge entsteht keine Langeweile. Der Unterricht ist abwechslungsreich mit vielen verschieden Sozialformen, in denen sich aktive Lernphasen und erholsame Pausen abwechseln. Durch die gute Vorbereitung der Lehrerin, ihr pünktliches Erscheinen, die Auslagerung von Organisationsaufgaben und Rückgabe von Tests in der Pause, sowie die frühe Schüleraktivierung zu Beginn des Unterrichts ist der Anteil an echter Lernzeit sehr hoch.

3. Pünktlichkeit und Unterrichtsvorbereitung
Philosophie, 10. Stufe- Grundkurs, 7. Stunde, 30 SuS

Der Lehrer ist pünktlich in der Klasse und beginnt umgehend Plakate mit Karikaturen, die in der letzten Stunde angefertigt worden sind, an der Tafel aufzuhängen. Nach einer kurzen Begrüßung, bei der alle SuS aufstehen, beginnt der Lehrer den Unterricht mit einer offenen Frage, wer denn das egoistische Gen (Thema der letzten Stunde) kurz erklären kann. Nachdem zwei Schüler geantwortet haben, gibt die Lehrperson weitere Beispiele, die die SuS auf die Theorie anwenden sollen. Nach dem 10- minütigen Einstieg, erklärt der Lehrer die folgende

Methode. Die SuS sollen mit Magneten das beste Plakat wählen, einzige Bedingung dabei ist, dass sie nicht ihr eigenes Plakat wählen dürfen. Nach einem Lob an alle SuS für die tollen Plakate und die zügige Bewertung wird der Kurs gefragt, was denn die Kriterien für eine gute Karikatur seien. Dem Unterrichtsgespräch folgt die Bewertung des Lehrers mit persönlichem Kommentar und einigen Rückfragen an die Gruppen und ihre Arbeit. Im Anschluss an die Stunde merke ich an, dass meiner Meinung nach die Besprechung der Kriterien für die Bewertung der Plakate vor der eigentlichen Bewertung durch die SuS erfolgen sollte. Der Lehrer gibt zu, dass dies die sinnvollere Reihenfolge gewesen wäre, damit die SuS eine differenziertere Bewertung hätten machen können. Außerdem hat er die Plakate benotet und lässt diese in die mündliche Mitarbeit mit einfließen. Die Hausaufgaben werden einzeln kontrolliert, indem der Lehrer kurz durch die Reihen geht und einen Blick in die Hefte wirft. Das dauert nicht länger als eine Minute und da der Lehrer viel Wert auf die Erledigung der Hausaufgaben legt, kontrolliert er sie konsequent jede Stunde. Anschließend holt er einen OHP aus dem Nachbarzimmer und legt eine Folie mit einer Karikatur auf. Ein Schüler beschreibt und interpretiert die Karikatur vorne am OHP. Der Lehrer fragt den gesamten Kurs nach Ergänzungen und es herrscht rege Teilnahme, sodass die Karikatur umfangreich analysiert wird. Danach wird das Buch geöffnet, leider haben einige SuS ihr Buch nicht dabei, sodass sie schlecht mitarbeiten können und abschalten. Der Lehrer stellt Fragen zum Text im Buch und die dazugehörige Aufgabe wird im gemeinsamen Unterrichtsgespräch bearbeitet. Schülermeldungen mit wichtigen Aspekten werden durch Lehrerkommentare ergänzt und sollen als Hausaufgabe schriftlich zusammengefasst werden. Der Lehrer beendet den Unterricht mit etwa 3 Minuten vorzeitig.

Obwohl es einige wenige Störfaktoren gab, wie z.B. den OHP nicht vor Beginn der Unterrichtsstunde organisiert zu haben, den Text aus dem Buch vorher kopiert zu haben, sodass alle SuS mitarbeiten können oder den Unterricht frühzeitig beendet zu haben, halte ich die Stunde für insgesamt gelungen hinsichtlich des hohen Anteils an echter Lernzeit. Dafür sprechen die reichhaltigen Arbeitsergebnisse und der hohe Anteil an Schüleraktivität. Gewährte Freiheiten wurden nicht missbraucht und es gab keine Disziplinstörungen. Der Einstieg und die Plakat-Methode wurden erfolgreich zur Schüleraktivierung genutzt. Alle Aufgabenformulierungen waren dem Leistungsvermögen der Schüler angemessen und führten weder zur Über- noch zur Unterforderung.

4. Hohe Motivierungsqualität des Unterrichts

Philosophie, 11. Stufe- Grundkurs, 5.- 6. Stunde, 22 SuS

Der Lehrer betritt bereits während der Schulpause den Klassenraum, die SuS folgen ihm nach dem Pausengong. Er beginnt den Unterricht mit der Anwesenheitskontrolle und dem Unterschreiben von Entschuldigungsbögen. Dann eröffnet der Lehrer den Unterricht mit einer Frage zur letzten Stunde und dem ausgehändigten Arbeitsblatt zum Thema „Gerechtigkeit". Die SuS nehmen sich gegenseitig dran (Meldekette) und der Lehrer hält sich zurück. Er bittet lediglich darum, dass sich die SuS aufeinander beziehen und kurz sagen, ob sie ihrem Vorredner zustimmen oder widersprechen. Anschließend stellt die Lehrperson Rückfragen an einzelne SuS und leitet so eine Diskussion ein. Diese fasst er zusammen und gibt eine abschließende Erläuterung. Nun verteilt der Lehrer ein neues Arbeitsblatt und gibt die Aufgabenstellung mündlich vor. Alle SuS sollen ihre Ergebnisse erst schriftlich in Einzelarbeit notieren und anschließend in Partnerarbeit vergleichen. Nach der 5 Minuten Pause gestattet er den Schülern weitere 5 Minuten Bearbeitungszeit. Die Besprechung findet im Unterrichtsgespräch statt und wieder fordert der Lehrer, dass die SuS aufeinander Bezug nehmen und ihren Mitschülern ein kurzes Feedback geben sollen. Wichtige Aussagen werden vom Lehrer zusammengefasst und philosophischen Positionen zugeordnet. Anschließend lobt die Lehrperson den Kurs für die gute Mitarbeit und diktiert zur Ergebnissicherung ein vorläufiges Fazit. Dieses soll in der kommenden Stunde überprüft und ggfs. angepasst werden. Hausaufgaben werden keine erteilt. Meiner Meinung nach ist diese Doppelstunde ein gelungenes Beispiel für einen hohen Anteil an echter Lernzeit, da der Lehrer eine hohe Motivation der SuS erreicht. Durch sein gutes Klassenmanagement und den respektvollen Umgang mit den SuS, erreicht er eine hohe Aktivität und Qualität an Schülermeldungen. Obwohl der „Organisationskram" hätte in die 5 Minuten Pause ausgelagert werden können und obwohl den SuS viel Zeit für die Einzel- und Partnerarbeit eingeräumt wird, wird insgesamt ein hoher Anteil an echter Lernzeit erreicht. Die angenehme Atmosphäre im Kurs sorgt für ein lernfreudiges Klima und der Lehrer nimmt nur eine unterstützende Funktion ein. Er stört die SuS nicht, schweift nicht vom Thema ab, gewährt ihnen Freiheiten, die nicht missbraucht werden, gibt ihnen Zeit für Einzelarbeit, die Möglichkeit sich mit ihren Sitznachbarn auszutauschen und schließlich ihre Ergebnisse vor dem Kurs zu präsentieren. Dabei werden die SuS nicht abgelenkt, arbeiten selbstständig und erreichen inhaltlich gute Arbeitsergebnisse.

4. Reflexion

Vergangene Praktika haben bereits den Spagat aufzeigen können, den die Lehrerausbildung schaffen muss: eine wissenschaftliche Ausbildung mit fundiertem Wissen auf der einen Seite und der praktischen Ausbildung und die Vorbereitung auf den Arbeitsplatz Schule auf der anderen Seite. In diesem Praktikum habe ich viel über den riesigen Verwaltungsapparat Schule gelernt und Einblick in die Tätigkeitsfelder der Lehrer bekommen. Neben der Vor- und Nachbereitung ihrer Unterrichtsstunden, haben sie sich noch um die Klasse, deren KlassenlehrerIn sie sind, AGs, Fachkonferenzen und Prüfungen zu kümmern. Und da immer mehr Schulen auf Ganztag umstellen, sind die Lehrer z.T. von 7.30 Uhr bis 15.30 Uhr in der Schule. Ich habe selbst so einen Wochentag erlebt und ihn selbst als Besucher als sehr anstrengend empfunden. Diese *Zeitdiebe*[2], wie ich sie in meinen Unterrichtsbeispielen aufgezeigt habe, sind mir in der ersten Praktikumswoche bereits aufgefallen. Einige Lehrer verlieren viel Zeit. Zeit, die sie für den Lerninhalt benötigen und Zeit, die die SuS mit Hausaufgaben wieder aufholen müssen. Andere Lehrer haben dagegen bereits ihre eigenen Routinen entwickelt wie sie Störfaktoren aus dem Weg gehen und wertvolle Zeit sparen. In Zeiten von G8- Abitur, Zeitdruck, Leistungsdruck und mangelnder Freizeit zwecks Ganztagsschule und großer Hausaufgabenmenge sollte der Anteil an echter Lernzeit im Unterricht möglichst hoch sein, da aktiv genutzte Zeit zu mehr Lernerfolg führt und somit diese Probleme wenigstens z.T. behoben werden können. Robert E. Sklavin hat 1994 das QuAIT- Modell (Quality, Appropriateness, Incentives, Time) entwickelt und damit die Faktoren benannt, die wesentlichen Einfluss auf den Lernerfolg haben (vgl. auch Meyer: Was ist guter Unterricht?, S.44- 45). Die hohe Qualität der Lehre, die Angemessenheit der Unterrichtsführung, die hohe Motivierungsqualität des Unterrichts und Zeit. Dabei hat er die drei Zeitgefäße nach John Carroll, „erforderliche Zeit", „angebotene Zeit" und „aktiv genutzte Zeit", in sein Modell mit eingebunden. Meine Beobachtungen haben mich auf eine Problematik aufmerksam gemacht, auf die man an der Universität nur schwierig vorbereitet werden kann. Um die Zeitdiebe erfolgreich zu minimieren, benötigt es mehr als nur gute Unterrichtsplanung. Als zukünftiger Lehrer muss ich mir gewisse Handlungsmuster aneignen, die das Erreichen meiner Unterrichtsziele unterstützen. Eine gute Vorbereitung und Pünktlichkeit sind dabei nur Grundvoraussetzungen, wie ich gesehen habe. Die Auslagerung von „Organisationskram" in die Pause erscheint mir als äußerst sinnvoll. Diverse Konzentrationsübungen und Schüleraktivierungsformen sollte man

---

[2] Meyer, Hilbert (2004): Was ist guter Unterricht? Mit didaktischer Landkarte- Berlin: Cornelsen Scriptor, S. 45.

immer zur Verfügung haben. Außerdem sollte man versuchen, Disziplinkonflikte außerhalb der Stunde zu regeln. Ausschlaggebend bleiben aber wohl die hohe Qualität der Lehre und ein lernfreundliches Klima. Ich hatte den Eindruck, dass dort, wo der Unterrichtsverlauf klar strukturiert gewesen ist, ein gutes Klassenmanagement vorzufinden war, die Inhalte verständlich dargestellt wurden und die SuS den Eindruck hatten, dass der Inhalt bedeutungsvoll ist, der meiste Lernerfolg stattfand. In Gesprächen mit Lehrern habe ich erfahren, dass sie vieles davon unbewusst, vermutlich aus Routine, richtig machen. Ich denke, dass man als Lehrer seine Handlungsmuster regelmäßig reflektieren und überprüfen sollte. Man muss immer den Anspruch haben, seinen Unterricht zu optimieren und erfolgreiche Methoden anzuwenden, da nicht nur die SuS von erhöhtem Lernerfolg profitieren, sondern auch die Lehrperson selbst Bestätigung und Anerkennung durch die Leistung der SuS erfährt.

Abschließend möchte ich festhalten, dass mich das Praktikum, in meiner Überzeugung Lehrer zu werden, voll und ganz bestätigt hat. Im Unterschied zu anderen Praktika wurden mir die vielen und komplexen Ansprüche an die Lehrperson deutlich vor Augen geführt. In der Unterrichtsvorbereitung für die eigenen Unterrichtseinheiten, musste ich bei der Absprache mit den Lehrerkollegen feststellen, was alles zu beachten ist und wie wichtig klare und gut strukturierte Arbeitsaufträge sind. Die von mir gestellte Frage „Wie erreiche ich einen hohen Anteil an Lernzeit?" halte ich für außerordentlich wichtig und sollte daher der Leitgedanke jeder Unterrichtsstunde sein. Die von Hilbert Meyer festgestellten Indikatoren und erforderlichen Maßnahmen konnte ich ebenfalls beobachten und in diesem Bericht mit einigen Beispielen exemplarisch darstellen und näher erläutern.

5.   Literaturverzeichnis

Meyer, Hilbert (2004): Was ist guter Unterricht? Mit didaktischer Landkarte- Berlin: Cornelsen Scriptor, ISBN-10: 3589220473.